ORIGINE

DE LA

FAMILLE LAPASSE

Depuis sa résidence en France

ET DE SES DIFFÉRENTES BRANCHES

LAPASSE, Famille très ancienne et très noble, qui tire son origne du Royaume d'Espagne. Un cadet de cette Maison étant passé en France, s'attacha au Service des Comtes souverains de Foix; le premier dont on ait eu connaissance assurée, est

RAYMOND-ARNAUD de Lapasse, qui, l'an 1090, rendit hommage et serment de fidélité à Bernard Comte de Foix, qui, après avoir assemblé les Etats du Pays, à Amplan, l'envoya en qualité de son Ambassadeur, l'an 1091, auprès du Roi d'Aragon son proche parent, pour entretenir son alliance; il avait été marié au Pays de Foix, avec Ximène de Sorsadel, dont il eut un Fils filleul du Comte de Foix, nommé Bernard ci-après.

BERNARD de Lapasse, filleul du Comte de Foix, fut élevé Page de Roger, Comte de Foix, qu'il accompagna au voyage d'outre-mer, pour la conquête de la Terre-Sainte; il fut marié avec Félicienne d'Albiez, dont, entre autres enfants, il eut Roger ci-après.

1863

Roger de Lapasse fut grand Chambrier du Comte de Foix ; il eut, de son mariage avec Isabelle de Lissac, Raymond-Arnaud qui suit.

Raymond-Arnaud de Lapasse fut Page de Roger Bernard, Comte de Foix, qui le fit ensuite son grand Ecuyer, et le maria avec Gillette de Montlaur, dont il laissa Bernard ci-après, et Duran, qui fut Evêque d'Albi, par élection du Chapitre en 1243, qui laissa un fils naturel auquel il donna quelque bien au Mas-Saintes-Puelles, où il s'établit, et exerça l'Office de Notaire.

Bernard de Lapasse, IIe du nom, fut élevé Page de Raymond-Roger, Comte de Foix, son Souverain, qui le maria avec Mathilde d'Allion ; il suivit Roger-Bernard, Prince de Foix, au Siége de Lavaur, l'an 1210, où il se signala par son courage, ainsi qu'au Siége de Castelnaudary, où il remonta le Prince qui avait été blessé et abattu de son cheval d'un coup de pierre : quelques jours après, il fut blessé d'un coup de lance, en défendant son Prince, qui s'était imprudemment engagé dans la Ville à la poursuite des fuyards ; il se trouva à la bataille de Muret, à la fin de laquelle il se sauva à Foix à la suite du Comte, et du Prince son fils ; il fut avec eux au Combat de Varilhes en Foix, qui fut un des plus sanglants de ce temps-là ; il accompagna le Comte de Foix à Rome, lorsqu'il y fut pour s'humilier au Pape ; et en l'année 1229, il suivit le Prince son maître à Moulins en Bourbonnais, où il fut assujettir son Comté au Roi de France Louis IX. Il servit encore sous Roger VII, Comte de Foix, qu'il suivit dans la Palestine, l'an 1246, où il fut honoré du titre de Chevalier; il mourut de la peste au Siége de Mélexala, et laissa de son mariage, entre autres enfants, Dominique de Lapasse ci-après.

DOMINIQUE de Lapasse, Ier du nom, fut élevé auprès de Roger, Comte de Foix, après la mort duquel Roger-Bernard IX, Comte, le fit son grand Ecuyer; en cette qualité, il l'accompagna au duel qu'il eut avec le Comte d'Armagnac, que le Comte de Foix renversa du premier coup de lance, en présence du Roi; il fut marié, l'an 1262, avec Aléazeix d'Aure, fille de Geraud, Vicomte de Larboust, duquel mariage il laissa deux fils et trois filles. Il perdit la vie en combattant auprès de son maître à la bataille de Furnes, l'an 1297. Roger-Bernard, son fils aîné, filleul du Comte, fut tué à Pamiers, à une sédition des habitants, qui s'étaient soulevés contre leur Comte souverain, l'an 1294. Bernard, son second fils ci-après, lui succéda.

BERNARD de Lapasse, fils puîné de Dominique, fut premier Ecuyer de Gaston X, Comte de Foix, depuis l'an 1306 jusqu'à la mort de ce Comte, décédé à Pontoise, l'an 1316, à son retour de la guerre de Flandres, d'où, de regret de sa mort, ou peut-être pour n'être pas mêlé dans les troubles où furent exposés ceux qui eurent le plus de part dans sa confiance, il se retira chez lui, où il mourut vers l'an 1324. Il avait été marié en 1298, avec Marguerite de Villeneuve, fille de Pierre,

Seigneur de Villeneuve en Conserans, duquel mariage il laissa Gaspard ci-après.

GASPARD de Lapasse, Chevalier de grand mérite, suivit le Comte de Lisle-Jourdain contre les Anglais qui ravageaient la partie de la Guienne qui obéissait au Roi; et à cause de la grande expérience qu'il avait acquise à la guerre, Pierre-Raymond, Comte de Comminges son allié, le mena avec lui en Espagne, où il mourut de maladie, en 1367. Il avait été marié, en 1322, avec Eléonor de Martres, fille de Gros de Martres, Seigneur de la Ville de Martres, grand Seigneur de Gascogne, et de Beringère de Comminges, veuve de Geraud d'Aure, Vicomte de Larboust, et fille de Bernard VI, Comte Souverain de Comminges, et de Laure de Montfort, fille de Philippe de Montfort Lamauri, Comte de Castres et de la Ferté Aleps, et de Jeanne de Levis; Beringère avait pour aïeuls, Bernard V, Comte de Comminges, et Cécile de Foix, fille de Raymond-Roger, Comte de Foix, et de Philippe, fille du Comte de Moncade; pour bis-aïeuls, Bernard IV du nom, Comte de Comminges, et contours de la Barthe, fille d'Arnaud Vicomte de la Barthe; pour trisaïeuls, Dodon dit Bernard, troisième Comte de Comminges, et Laurence de Toulouse, fille de Raymond VI⁰ du nom, Comte de Toulouse, et de Cons-tance de France, veuve du Roi d'Angleterre, fille de Louis VI, dit le Gros, Roi de France, et d'Adélaïde de Savoie, fille de Humbert II du nom, Comte de Mau-rienne et de Savoie, et de Gisle de Bourgogne. Laurence de Toulouse avait pour aïeuls Alphonse, Comte de Toulouse, et Faidite, fille de Gilbert de Provence; pour bisaïeuls, Raymond Berenger, Comte de Toulouse, et Gilloire de Castille, fille d'Alphonse VI, Roi de Castille; pour trisaïeuls, Pons, Comte de Toulouse, et Almodis, fille de Roger, Comte de Carcassonne; et pour quatrième aïeuls, Guillaume dit Taillefer, Comte de Toulouse, et Sanche, fille de Ramire, Roi d'Aragon; de sorte qu'en calculant les degrés, les Enfants descendus du mariage de Gaspard de Lapasse et d'Eléonor de Martres, avaient l'honneur d'avoir pour septième aïeul, Louis le Gros, Roi de France; pour neuvième aïeul, Alphonse, Roi de Castille, et pour onzième aïeul, Ramire, Roi d'Aragon, et d'être alliés aux Maisons Souveraines de Savoie, de Provence, de Toulouse, de Carcassonne, de Foix, de Montcade et de Comminges. Il eut de ce mariage deux fils morts à la guerre, Pierre-Raymond ci-après.

PIERRE-RAYMOND de Lapasse fut filleul de Pierre-Raymond de Comminges, son aïeul; il servit Gaston-Phébus XII, Comte de Foix, son parent, dans la guerre qu'il eut contre le Comte d'Armagnac; il se signala à la bataille de Launac en 1362, où il blessa et prit prisonnier le Seigneur d'Aspect; il avait épousé, en 1353, Bertrande de Béon, parente du Comte de Foix, fille de Gilbert de Béon, Chevalier, dont il laissa quatre filles et un fils, Othon ci-après.

OTHON de Lapasse fut élevé Page du Duc Louis de

Bourbon, qu'il suivit à la guerre des Maures, contre le Roi de Thunes en 1390, où il acquit beaucoup d'estime ; après son retour en France, il se maria avec Hélène de de Saman, fille de Pierre, Seigneur de Saman en Comminges, en 1395 ; il en eut deux filles Religieuses, Pierre-Raymond son fils aîné, tué à la bataille de Verneuil, et Maximilian ci-après.

Maximilian de Lapasse servit le Roi sous Poton de Sentrailles ; il fut blessé et fait prisonnier à la même bataille de Verneuil où son aîné fut tué en 1424 ; il prenait la qualité d'Ecuyer ordinaire du Roi Charles VII, lorsqu'il se maria avec Aude Izalguier, en 1438, fille de François Izalguier, Chevalier Seigneur de Castelnaud'Estretefons, Baron du Languedoc ; il fut au secours de Matthieu de Grailhi de Foix, Comte de Comminges, en 1443, contre Pierre-Raymond de Comminges, Baron de Roquefort, Sénéchal de Comminges, et contre Rodrigue de Goth de Villandrau, qui tenaient le parti de Bernard, Comte d'Armagnac, sur lesquels ils prirent et rasèrent plusieurs places et châteaux de leur parti. Il laissa de son mariage trois fils, François son aîné, ci-après, qui n'eut qu'une fille ; Pierre-Raymond, mort jeune, et Sicard, qui a fait la branche de Montbrun, qui a continué la postérité masculine.

François de Lapasse mourut d'une chute de cheval après avoir été marié avec Gabrielle de Montaut, dont il laissa une fille unique son héritière, qui étant morte à l'âge de douze ans, et Gabrielle de Montaut sa mère ayant hérité de sa fille, elle se remaria avec Gilles, Seigneur de Campranac, près de Varilhes en Foix, où elle porta tous les biens de la famille de son premier mari.

BRANCHE DE MONTBRUN
Devenue aînée de la Famille.

SICARD de Lapasse, fils cadet de Maximilian et d'Aude Izalguier, ayant consumé la plus grande partie de sa légitime au service du Roi, consuma tout le reste en disputant à sa belle-sœur la succession de sa maison; mais en ayant été débouté par le Sénéchal de Foix, et réduit pour tout bien à la cape et l'épée, il se maria avec Catherine de Cazalets, fille de maison noble, très petite héritière, qui lui porta en dot quelques métairies dispersées, et un Fief et maison noble, dans la juridiction de Montbrun, pays de Consérans dit la Gota deu Casteg, contenant cinquante arpents, dont il rendit hommage le 10 Juin 1478, par acte reçu par Graba, Notaire du Carla, à noble Gaspard de Villemur, Seigneur de Montbrun, S. Pol et Paillès; il laissa de son mariage Ponce de Lapasse ci-après.

PONCE de Lapasse servit dans la Compagnie des Gens-d'Armes de Gaston de Foix, Duc de Némours, à la bataille de Ravenne, où il fut blessé et fait prisonnier; marié, du consentement de son père, par Contrat du 3 Février 1501, avec Navarre de Casteras, fille légitime et naturelle de Noble Roger de Casteras; il eut de ce mariage François de Lapasse aîné, qui passa dans le pays étranger, et Roger ci-après.

Roger de Lapasse fut pris et blessé à la bataille de Pavie; le Roi lui donna, au mois de Mai 1548, le Gouvernement de Mérens au pays de Foix, lieu fort considérable dans ce temps-là; il est certifié par les provisions de ce Gouvernement, qu'il était depuis longtemps Gouverneur de Dax pour le Roi de Navarre : il fut marié, du consentement de son père, par Contrat du 18 Mai 1528, avec Noble Catherine du Pac, fille légitime et naturelle de Noble Fortané du Pac, Seigneur de la Salle, Capitaine de la ville et vallée de Castillon de Batlongue; il laissa de son mariage Henri ci-après.

Henri de Lapasse fut fait Capitaine dans les vieilles Bandes, en récompense des services qu'il avait rendus à la bataille de Sérisolles; il avait été marié en premières noces avec Françoise de Poudens, du pays de Béarn, qui fit son testament le 28 Octobre 1552; il prit une seconde alliance, du consentement de son père, par Contrat du 29 Décembre 1556, avec Catherine de Castet, fille légitime et naturelle de Noble Raymond-Bertrand de Castet, Coseigneur de Biros; il fit son testameut le 6 Novembre 1578, par lequel il paraît qu'il laisse du second mariage trois fils : I. Durand ci-après; II. Jean-Auguste, qui à fait branche, dont il sera parlé; III. Roger, qui a fait branche, dont il sera parlé en son lieu.

Durand de Lapasse, Seigneur de Lahitère, Diocèse de Rieux, fut Capitaine de deux cents hommes au Régiment de Picardie ; le Roi Henri le Grand, qui l'appelait le Brave Durand, le fit Capitaine de la garnison de Quillebeuf dans le pays de Caux, et lui donna le Gouvernement de la même ville le 16 Mai 1592. Le même Roi lui donna la Capitainerie et Gouvernement de St.-Lizier en Consérans et pays en dépendant, ainsi que de la ville et vallées de Camarade au pays de Foix, le 24 Janvier 1598, dont il prêta serment le 30 Mars suivant devant Pierre du Faur, Seigneur de St.-Jory, premier Président au Parlement de Toulouse : le même Roi lui donna le Gouvernement de la ville de Ceissel en Bresse, le 5 Mai 1606. Il avait été marié, par Contrat du 17 Octobre 1593, avec Anne de Saint-Pastou, fille légitime et naturelle de Noble Guion de Saint-Pastou, et de Dame Peyronne de Coret, Seigneurs de Lapeyrère ; il testa le 21 Février 1628 ; il fut criblé de blessures à l'assaut de Piquequos près de Montauban, à la tête du Régiment de Picardie qu'il commandait. Il laissa de son mariage deux fils et quatre filles : I. Maximilien ci-après ; II. Roger, qui a fait branche ; III. Anne, mariée le 13 Novembre 1613 avec Noble Jean-François de Hunaud, Seigneur d'Escavaignous, fils de Roger de Hunaud et de Françoise de Villemur, dont postérité ; IV. Hilaire, mariée le 20 Janvier 1615 avec Noble François d'Espinas, Seigneur de Gousens ; V. Anne, mariée le 17 Août 1616 avec Noble Jean-Auguste-Martin de

Montault ; VI. Germaine, mariée le 17 Février 1626 avec Noble Melchior de Hunaud, Seigneur de Saint-Miquau, fils de Philippe de Hunaud et de Françoise de Villemur.

MAXIMILIEN de Lapasse, Seigneur de Lahitère, fut Enseigne au Régiment de Picardie. Le Roi lui accorda un ordre, le 12 Août 1628, portant que les gages et montres de la compagnie de son père, commandant le Régiment de Picardie, lui seront payés : le Roi lui donna la Capitainerie et Gouvernement de Camarade au pays de Foix, le 22 septembre 1634 ; il fut reçu en cette qualité au Parlement de Pau, par Arrêt du 30 Avril 1635 ; il fut marié, par Contrat du 22 Août 1632, avec Georgette du Pac, fille légitime et naturelle de Noble Balthazar du Pac, Seigneur de Marbe et de la Salle, et de Louise d'Ustou ; il eut de ce mariage quatre fils et deux filles : I. Balthazar ci-après ; II. Jean-Auguste, qui a fait branche ; III. Jean, qui a fait branche ; IV. Jean-Louis, dont il sera parlé ci-après ; V. Louise, mariée dans la maison de Miglos ; VI. Hélène, mariée dans la maison de Tersac.

BALTHAZAR de Lapasse, Seigneur de Lahitère, se maria, par Contrat du 29 Décembre 1666, avec Marguerite de Roquemaurel, fille légitime et naturelle de Noble Octavien de Roquemaurel, Vicomte de Montégut en Consérans, et de Gabrielle de Sirgan d'Erce ; il eut de ce mariage un fils et une fille, Jean de Lapasse ci-après, et Marguerite, mariée avec François de Roquemaurel, Seigneur de Latour-d'Ustou, dont la fille unique mariée avec le Baron de Pointis, Vicomte d'Ustou en Consérans.

Jean de Lapasse, Seigneur de Lahitère, fit une Compagnie dans le Régiment d'Infanterie de Ségur, qui fut ensuite Danois ; il y a servi pendant toutes les guerres d'Espagne ; il avait été marié, par Contrat du 11 Juillet 1690, avec Marie de Lapasse, fille de Françoise de Lapasse, Seigneur de Poussignan, Bellegarde et autres places, Gouverneur de Ceissel en Bresse, et de Marie-Andrée de Beaudean, ayant laissé postérité.

Jean-Louis, Chevalier de Lahitère, marié en premières noces avec Demoiselle Claire de Bertier ; il eut de ce mariage Balthazar ; il se maria en secondes noces, le 18 Juin 1691, avec Demoiselle Catherine de Rouaix, fille de Pierre de Rouaix et de Demoiselle Marie de Lort ; il eut de ce mariage un fils et deux filles : Jean, dont il sera parlé ci-après ; Louise, mariée dans la maison de Martin de Montaut, et Anne, mariée avec le Sieur Caubet de Lapla.

Jean de Lapasse, Sieur de Laprade, a servi dans le corps Royal d'Artillerie ; marié le 26 Août 1744, avec Demoiselle Clotilde de Seguin, fille de feu Noble Joseph de Seguin, et de Dame Jeanne-Louise-Françoise de Binos, il eut de ce mariage deux fils et une fille : Paul Jean-Louis-Joseph, et Julie, dont il sera parlé ci-après.

Paul de Lapasse a servi dans le corps Royal d'Artillerie ; marié, par Contrat de mariage du 8 Août 1780, avec Demoiselle Marie-Marguerite-Surine-Françoise d'Ustou, fille de Noble Joseph d'Ustou-St.-Roch, Seigneur de l'Estelle et de Bochalot, et de Marie-Antoinette de Gilli, il a eu de ce mariage un fils et deux filles : Louis-Auguste-Paul-Calixte ; Marie-Sophie ; Emilie-Dominiquette-Hippolyte, mariée à Joseph-Jourdain de Miglos, Chevalier de l'ordre Royal et Militaire de Saint-Louis, qui a servi dans l'armée de Condé pendant l'émigration ; Jeanne-Julie de Lapasse, décédée.

Jean-Louis-Joseph de Lapasse a servi dans le Régiment de Beaujollais Infanterie ; marié, le 1er Juin 1796, avec Demoiselle Marie-Paule Des, duquel mariage il a eu deux fils et une fille : Jean-Paul-Théodore ; Julien-Bertrand, dont il sera parlé après ; Joséphine-Antoinette-Mélanie-Aspasie.

Jean-Paul-Théodore de Lapasse est entré au service dans les Gardes-d'Honneur, le 18 Juin 1813, licencié le 10 avril 1814, il reprit du service en 1815, En 1821 il passa dans la maison Militaire du Roi, Compagnie de Gramont, où il resta jusqu'en 1830. Il fut, replacé au 6me Régiment de Lanciers en 1832, ou il fut nommé Capitaine en 1833, décoré de la Légion-d'Honneur en 1840, et prit sa retraite en 1847. Plus tard, il fut décoré de la Médaille de Saint-Hélène.

Julien-Bertrand de Lapasse prit du service en 1815, il passa plus tard dans la maison Militaire du Roi, Compagnie de Gramont, où il resta jusqu'en 1830. Il fut replacé au 1er Chasseur à cheval en 1831, où il fut nommé Capitaine et décoré de la Légion-d'Honneur, prit sa retraite en 1846. Plus tard, il fut décoré de la Médaille de Saint-Hélène. Décédé, le 8 novembre 1866.

BRANCHE DE POUSSIGNAN.

JEAN-AUGUSTE de Lapasse, Seigneur de Bellegarde, Poussignan et de Pradières, était fils puîné de Henri de Lapasse et de Catherine de Castet; il fut élevé Page de la petite Ecurie d'Henri III. Le Roi Henri le Grand le fit son Ecuyer de la grande Ecurie, le 31 Mai 1607; il lui donna ensuite une Compagnie dans le Régiment de Monsieur le Comte de Nérestan. Louis XIII lui donna le Gouvernement de Ceissel en Bresse, sur la démission de son frère, le 20 Janvier 1615, dont il prêta serment devant Monsieur le Chancelier de Cillery : le Roi le fit Capitaine au Régiment des Chapes en 1617; et en récompense de sa valeur, le Roi lui donna le Gouvernement de Foix, le 13 Septembre 1634. Il fut reçu au Parlement de Pau le 30 Avril 1635. Le Roi, en récompense de ses services en la défense de Cazal dans le Montferrat, et au siége de Mézières, lui donna deux mille livres de pension par Lettres du 26 Décembre 1638, registrées à la Chambre des Comptes de Paris le 25 Février 1639. Le Roi lui donna le Gouvernement de la ville de Pamiers en Foix, le 4 Octobre 1644, où, le 14 du même mois, il mit en garnison le Régiment d'Espénan; le sieur de Troisville, Gentilhomme du pays de Béarn, lui succéda au Gouvernement de Foix : il avait été marié, par Contrat du 26 Décembre 1612, avec Françoise de Sariac, sa parente, fille légitime et naturelle et héritière universelle de Jean de Sariac, et de Mathive de Martres, Seigneur de Mont et de Laterrade ; elle était petite-fille de Dominique de Sariac, Seigneur de Nabarron, frère d'Aimeric de Sariac, Seigneur de Sariac, et plusieurs grandes terres dans le pays de Magnouac et de Jean de Sariac, Evêque d'Aire, d'une des plus anciennes maisons de Gascogne : Mathive de Martres était de l'illustre maison des Seigneurs de la ville de Martres dont nous avons déjà parlé ; elle était fille de Jean de Martres, Seigneur de Mont, Capitaine de deux cents hommes, et de Catherine de Gestas-Montmaurin, qui avait pour père, Aiméric de Martres, Seigneur de Mont, et Espérance du Pac, et pour aïeuls : Roger de Martres, Seigneur de Polastron-Bourjac, Casties, et de Castelnau-de-Picampau, et Catherine de Lagoursan, sœur de Roger de Lagoursan, Seigneur de Bellegarde, dont la fille unique, et l'héritière Miramonde de Lagoursan, femme de Raymond de St.-Lary, Seigneur de Gensac, Mongras et Frontignan, aïeule de Roger de St.-Lary, Maréchal de France sous le nom de Bellegarde, et bisaïeule de Roger de St.-Lary, Duc de Bellegarde, Pair et grand Ecuyer de France, et de Jeanne de St.-Lary, mère de Jean-Louis de Nogaret de la Valette, premier Duc d'Espernon, Pair de France, a donné à cette branche de la maison de Lapasse une parenté bien illustre : I. avec la maison de Bellegarde ;

II. avec celle des Ducs d'Espernon et de Candale;
III. avec les Ducs de Joyeuse, par le mariage de Henri
de Joyeuse, Comte de Bouchage, Duc et Pair, et Maréchal de France, et puis Capucin, avec Catherine de Nogaret de la Valette, sœur du Duc d'Espernon; IV. avec
Henri de Bourbon, Duc de Montpensier de Saint-Far-
geau, de Chatelleraut, Souverain de Dombes, Prince de
Larochesuryon, Pair de France, par son mariage,
en 1599, avec Henriette-Catherine, Duchesse de Joyeuse,
Comtesse de Bouchage; V. avec Gaston-Jean-Baptiste
de France, Duc d'Orléans, de Chartres, de Valois,
d'Alençon, Comte de Blois, second fils d'Henri IV,
et frère de Louis XIII, par son mariage, en 1626, avec
Marie de Bourbon, Duchesse de Montpensier, dont il
eut Anne Marie-Louise d'Orléans, Souveraine de Dombes, Princesse de Larochesuryon, Dauphine d'Auver-
gne, Duchesse de Montpensier, de Chatelleraut, de St.-
Fargeau, Comtesse d'Eu, petite-fille d'Henri IV, morte
le 5 Avril 1693; VI. avec la maison de Lorraine de la
branche de Guise, par le mariage de Charles de Lorraine, Duc de Guise, Prince de Joinville, en 1611, avec
Henriette-Catherine, Duchesse de Joyeuse, veuve du
Duc de Montpensier; VII. avec la maison de Pardaillan-Gondrin, Ducs d'Entin, par le mariage d'Antoine-
Arnaud de Pardaillan, avec Paule de St.-Lary-Belle-
garde, et encore par le mariage de Roger Hector de
Pardaillan-Gondrin, avec Christine Zamet, petite-fille de
Hélène de Nogaret de Lavalette, tous les descendants

desquels, ainsi que la postérité de Jean-Auguste de Lapasse, Gouverneur de Foix, sont descendus du sang de la Goursan ; il a laissé de son mariage cinq fils et deux filles : I. François son aîné, ci-après ; II. Melchior, qui a fait la branche de Mont ; III. César, qui a fait branche à Capens ; IV. Jean-Denis, mort Cornette au Régiment de Roquelaure ; V. Maximilien, qui a fait branche dans l'Amérique ; VI. N., Abbesse de Lombez ; VII. Hilaire, marié le 7 Mai 1654, avec Jean-Jacques Darmau, Baron de Pouydraguin, fils de Noble Antoine Darmau, Seigneur de Pouydraguin, et de la Regudé, et de Marguerite de Lau.

FRANÇOIS de Lapasse, Seigneur de Bellegarde, Poussignan, et autres places, se distingua dans l'Armée commandée par le Duc d'Espernon son parent : le Roi lui donna le Gouvernement de Ceissel en Bresse, le 17 Juin 1646 ; il fut marié par l'agrément de son père, par Contrat du 21 Mai 1652, avec Marie-Andrée de Beaudean, fille de Jean-François de Beaudean, Baron de Beaudean en Bigorre, et de Puilausic près Lombez, et de Claire de Mua, fille du Comte de Barbazan, Sénéchal de Bigorre, Conseiller au Parlement de Toulouse ; elle était petite-fille d'autre Jean-François de Beaudean et d'Olimpe de Comminges, sœur germaine de Roger de Comminges ; Comte de Pedguilem, Vicomte de Consérans, de Soueich et de Moulis, premier Baron de Comminges, Seigneur d'Espaom et autres lieux, premier Gentilhomme de la Chambre du Roi, marié avec Catherine de Bourbon, fille d'Anne de Bourbon, Baron de Barbazan ; cette maison de Beaudean sont les aînés des Comtes de Parrabère, sortis de cette maison il y a plus de quatre cents ans ; François laissa de son mariage deux fils et sept filles : I. Jean-François aîné, qui a continué la postérité dans la branche de Poussignan ; II. Melchior, qui a formé la branche de Bellegarde ; III. Hilaire ; IV. Marie ; V. Jeanne ; VI. Marie-Marguerite ; VII. Germaine ; VIII. Jeanne-Marie ; IX. et Anne de Lapasse.

BRANCHE DE MOULIS

Roger de Lapasse, Seigneur d'Audirac, troisième fils d'Henri et de Catherine de Castet, fut fait, par Louis XIII, Ecuyer de la grande Ecurie, le 11 Juillet 1617 ; il prêta serment de cette charge entre les mains de Roger de Saint-Lary, Duc de Bellegarde, grand Ecuyer de France ; en conséquence d'un ordre du Roi du 4 Septembre 1625, il conduisit et commanda le Régiment d'Infanterie de Durban, de la maison de Mauléon au Camp du Mas-d'Azil, ville dont il fit le siége, et qu'il prit après plusieurs jours de tranchée ouverte ; le Roi le fit Lieutenant de la ville et château de Foix, et lieux en dépendants, le 16 Décembre 1634. Il avait été marié, par Contrat du 13 Janvier 1608, avec Gabrielle de Francazal, dont la postérité subsiste dans cette branche.

BRANCHE DE MADIÈRES

ROGER de Lapasse, fils de Duran, et d'Anne de Saint-Pastou, servit en Italie sous le Maréchal de Toiras, et ensuite sous le Seigneur de Tavanes ; il se maria, par Contrat du 16 Février 1638, avec Marie de Sers, fille du Seigneur d'Aulix ; il eut de ce mariage, Gabriel, Seigneur de Justignac-de-Lezat, et Aiméric de Lapasse, Seigneur d'Arnac, qui ont continué la postérité.

BRANCHE DE DURFORT

JEAN-AUGUSTE de Lapasse, Seigneur de Durfort, se maria, par Contrat du 13 Novembre 1666, avec Noble Louise de Manlac, dont postérité ; il était fils de Maximilien et de Georgette du Pac.

BRANCHE DE RIMONT

JEAN de Lapasse, fils de Maximilien, Seigneur de Lahitère, et de Georgette du Pac, a formé une branche qui subsiste.

BRANCHE DE MONT

MELCHIOR de Lapasse, Seigneur de Mont, fils puîné de Jean-Auguste, Gouverneur de Foix, Seigneur de Bellegarde, Poussignan, etc., et de Françoise de Sariac, fit ses premières Campagnes en qualité d'Enseigne au

Régiment de Champagne ; il se maria, par Contrat du 25 Février 1672, avec Anne de Saint-Orens, fille de Noble Jacques de Saint-Orens, Seigneur de Dèze et Frontignan, et de Marguerite de Goth, dont était le Pape Clément V. Elle avait été mariée en premières noces, par Contrat du 19 Août 1654, avec Jean-Louis de Sers, fils de Jean-Pierre de Sers, Baron de Gensac, et d'Anne de Martres ; il eut de ce Mariage Michel de Lapasse, qui a continué la postérité dans cette branche.

BRANCHE DE CAPENS

César de Lapasse, troisième fils de Jean-Auguste de Lapasse, Gouverneur de Foix, et de Françoise de Sariac, fut Enseigne au Régiment de Champagne en même temps que son frère ; il se maria, par Contrat du 14 Août 1660, au lieu de Capens, avec Mathive de Marsolier, fille héritière de Noble François de Marsolier et de Marie d'Araiguon-Villeneuve, dont il eut plusieurs enfants qui ont continué la postérité.

La maison de Lapasse a toujours porté pour Armes d'Azur à un Pin d'Or fruité de gueules, adextré d'un Lion rempant d'Or, sénextré du Levrier rampant d'Argent, colleté de gueules, au Chef de gueules, chargé de trois Etoiles d'Or rangées en face ; et pour Devise : ALTUS ORIGINE AB ALTA.

Arch. de Foix, Chron. d'Albi, Hist. d'Espagne, Chartes, Contrats, Histoire particulière imprimée en 1525, Chambre des Comptes, Archives du Trésor Royal de France.

FIN

Toulouse. — Typ. L. Hébrail, Durand et Cᵉ, rue de la Pomme, 5